Diocesi di Milano

Con Te!

Amici

SUSSIDIO

3

Itinerario di Iniziazione Cristiana

CENTRO AMBROSIANO

A cura del *Servizio per la Catechesi* della Diocesi di Milano.

Percorso per l'iniziazione cristiana dei ragazzi,
approvato dall'Arcivescovo di Milano Mario Enrico Delpini
con decreto del 21 Maggio 2020, Prot. 00786

Imprimatur in Curia Archiepiscopali Mediolanensi
22 Maggio 2020
Mons. Bruno Marinoni, Moderator Curiae

Illustrazione di copertina: Silvia Gastaldi
Altre illustrazioni: Silvia Gastaldi e Anna Formaggio
Progetto grafico: Conte Oggioni Partners e Irene Sala
Coordinamento editoriale: Simona Origgi

Crediti fotografici, in ordine di apparizione:
Rembrandt Harmenszoon van Rhijn, *Ritorno del figliol prodigo* (1668 ca), Museo dell'Ermitage – San Pietroburgo. Fine Art Images / Archivi Alinari, Firenze

Giovanni Francesco Barbieri, detto il Guercino, *Ritorno del figliol prodigo* (1627-1628), Galleria Borghese – Roma. Per concessione del Ministero per i Beni e le Attività Culturali / Archivi Alinari, Firenze

Leonardo da Vinci, *Ultima Cena* (1495-1498), Cenacolo di Santa Maria delle Grazie – Milano. Per concessione del Ministero per i Beni e le Attività Culturali / Archivi Alinari, Firenze

Michelangelo Merisi, detto il Caravaggio, *Cena di Èmmaus* (1606), Pinacoteca di Brera – Milano. Per concessione del Ministero per i Beni e le Attività Culturali / Archivi Alinari, Firenze

Stampa: Boniardi Grafiche – Milano
Ristampa: giugno 2021

Via A. da Recanate, 1 – 20124 Milano
Tel. 02.6713161
E-mail: libri@chiesadimilano.it
www.itl-libri.com

ISBN 978-88-6894-181-9

Ciao, sono Ambrogio.

Nel lontano 374 sono diventato vescovo di Milano.
Il mio grande desiderio è stato sempre quello di far conoscere la bellezza dei doni di Dio: la sua Parola, il suo perdono e i suoi sacramenti.
Sono regali speciali e inesauribili: dopo che li hai ricevuti, hai ancora molto da scoprire e da vivere.
E così canterai sempre le sue lodi!

Per me Gesù è tutto.
È il medico che cura le ferite
e perdona i miei peccati.
È la forza e l'aiuto per vivere da figli di Dio.
È il cibo che nutre e sostiene i discepoli.
È la vita che vince la morte e la via
che conduce al cielo dove saremo
finalmente con lui.

Per me Gesù è tutto
e mi piacerebbe scoprissi
che ciò è vero anche per te.
Cercami qua e là nel sussidio:
ti aiuterò a fissare lo sguardo
sul Signore!

Ambrogio

TAPPA

1

Rigenerati dal battesimo

«Gesù dalla Galilea
venne al Giordano da Giovanni,
per farsi battezzare.»

(Leggi *Mt* 3,13-17)

Gesù è in fila con i peccatori

Che cosa hanno scoperto di Gesù queste persone?

Scrivilo nel fumetto.

Preghiamo con il Salmo 51
Pietà di me, o Dio,
nel tuo amore;
nella tua grande
misericordia cancella
la mia iniquità.

Lavami tutto
dalla mia colpa,
dal mio peccato
rendimi puro.

Crea in me, o Dio,
un cuore puro,
rinnova in me
uno spirito saldo.

Padre, tu ci pensi sempre,
se ci vedi fragili e lontani da te
ti commuovi per noi, ti avvicini di più,
fonte d'amore inesauribile,
crea in noi un cuore nuovo
per vivere ogni giorno come figli tuoi,
come figli tuoi.

LE PAROLE DELLA FEDE
MISERICORDIA

Perché Gesù è in fila con i peccatori?

Se Gesù fosse andato nel palazzo di Erode
o nel tempio di Gerusalemme, ci sarebbe interessato?
Avremmo pensato che lui è solo per i ricchi e i potenti.
Ma adesso che lo abbiamo visto in mezzo a noi,
chi potrà più dire che è lontano?
Chi potrà pensare che Dio non abbia cura anche di noi?

«Non sono i sani che hanno bisogno del medico, ma i malati; io non sono venuto a chiamare i giusti, ma i peccatori perché si convertano.»
(Lc 5,31-32)

Che cosa ha scoperto Giovanni il Battista
di nuovo su Gesù?

....

E noi, che cosa abbiamo scoperto?

....

Gira pagina
e guarda quale
strada si apre...

«Ma allora dobbiamo andare a cercarlo...»
«Ho sentito dire che è andato
direttamente verso il deserto...»
«Andiamo anche noi!»

Vivere da figli

La vita cristiana
è fatta di tante azioni e gesti
che rendono simili a Gesù.

Su questa via non siamo soli: ci sono tutti gli amici di Gesù, cioè il popolo di Dio, di ogni tempo. Gesù si lega a noi e così possiamo vivere da figli di Dio.

La vita cristiana diventa anche via penitenziale: quando viviamo così la nostra vita cresce e si trasforma. Durante questo cammino il Signore ci accompagna sempre, ci sostiene e ci offre il suo perdono.

La lotta contro il male

Abbiamo scoperto che c'è anche una lotta positiva.
Ad esempio quando...

....

Vivere da figli significa anche lottare contro il male.

IL MALE FA MALE
A CHI LO COMPIE...

... OSTACOLA E RALLENTA IL CAMMINO
DEI FIGLI SULLA VIA DEL SIGNORE...

... E FA SOFFRIRE
CHI CI VUOLE BENE.

Proprio come i lottatori antichi si ungevano il corpo per sfuggire alla presa dell'avversario, così coloro che vengono battezzati sono fortificati per vincere il male.
Prima di celebrare il battesimo, il sacerdote unge con "l'olio dei catecumeni", sul petto o sulle mani, colui che riceverà il sacramento. Inizia da questo momento la lotta del cristiano per rimanere figlio di Dio come lo è stato Gesù.

La Chiesa insegna, in particolare, a compiere tre gesti che riaccendono in noi l'amore di Dio, vincono il male e se necessario offrono il perdono dei peccati:

la preghiera | il digiuno | l'elemosina

«Quello che dai al povero
non è un bene di tua proprietà,
ma è un bene di tutti,
che non devi tenere solo per te.»

....

Scopri questi gesti insieme al vescovo Ambrogio. Leggi i fumetti e scrivi sotto ciascuno a quale gesto si riferisce.

«Chi non rinuncia a nessuna
delle cose buone, difficilmente
saprà rinunciare a quelle cattive.»

....

«Apri la tua porta a Cristo.
Allarga il tuo cuore. Vai incontro
alla vera fonte di luce
che risplende per tutti.»

....

PREGHIERA

Possiamo pregare così:

Pietà di me, o Signore,
secondo la tua misericordia;
non guardare ai miei peccati
e cancella tutte le mie colpe;
crea in me un cuore puro
e rinnova in me uno spirito
di fortezza e di santità.

DIGIUNO

Possiamo "digiunare" così:

....

....

ELEMOSINA

Possiamo "fare elemosina" così:

....

TAPPA 2

L'abbraccio del Padre

«Quando l'ha trovata, pieno di gioia
se la carica sulle spalle, va a casa,
chiama gli amici e i vicini, e dice loro:
"Rallegratevi con me,
perché ho trovato la mia pecora,
quella che si era perduta".»

(Leggi *Lc* 15,1-7)

DIO
SIAMO NOI
È L'UOMO CHE COMMESSO UN PECCATO

La pecora e il buon pastore

Che cosa prova il pastore?

tristezza e delusione

Come ha reagito di fronte all'allontanamento della pecora?

va a cercarla

Che cosa prova la pecora?

paura

Che cosa comprende di nuovo?

che deve ascoltare il pastore

L'amicizia tra Dio e noi è forte: nessuno la può spezzare! Al male Dio risponde con il bene e al peccato risponde con il perdono.

Dio ci perdona sempre, perché siamo suoi amici. Il peccato ferisce la nostra amicizia con lui: quando compiamo il male, ci allontaniamo dal pastore, cioè da Dio che ci ama e si prende cura di noi, e ci isoliamo dal gregge che è la Chiesa.

Dio ci perdona sempre per rinnovare la nostra amicizia con lui e perché noi torniamo a lui. Quando Dio perdona ci guarisce e ci rende nuovi.

Padre, tu ci cerchi sempre
quando il peccato vince ancora in noi:
soffri per noi ma non smetti mai
di offrirci il perdono, vita nuova,
e in unità, riconciliati,
saremo nella pace fratelli tra di noi,
fratelli tra di noi.

LE PAROLE DELLA FEDE

PECCATO

Il Signore è il mio pastore:
non manco di nulla.
Su pascoli erbosi mi fa riposare,
ad acque tranquille mi conduce.
Rifranca l'anima mia,
mi guida per il giusto cammino
a motivo del suo nome.
(dal Salmo 23)

Perdona, Signore, le nostre colpe,
perché il tuo amore è per sempre.
Perdona quando ci allontaniamo da te,
perché il tuo amore è per sempre.
Perdona quando non ascoltiamo i nostri genitori,
perché il tuo amore è per sempre.
Perdona quando facciamo del male ai nostri fratelli e amici,
perché il tuo amore è per sempre.
Perdona quando non ci accorgiamo di chi ha bisogno di noi,
perché il tuo amore è per sempre.
Perdona quando non compiamo il nostro dovere a scuola,
perché il tuo amore è per sempre.
Perdona quando ....
Kyrie eleison.
Perdona quando ....
Kyrie eleison.
Perdona quando ....
Kyrie eleison.

Signore, pietà: esalto te che sei più grande riconoscendo che io sono piccolo.

Il ritorno nel gregge

Sperimenta la fatica del cercare e la gioia del trovare, proprio come accade nella parabola di Gesù.

Il pastore nel suo magazzino non trova più

....

Riesci a trovarlo?

Cerca tutti gli oggetti il cui nome inizia con la lettera ....
Hai 3 minuti di tempo.

Che pastore eccezionale! *Cerca la pecora smarrita finché non la ritrova, senza darsi mai per vinto. Se manca una pecora, il gregge non è più come prima.*

Dio continua a invitarci e a cercarci per tenere viva la nostra amicizia con lui *e ci riporta nel gregge della Chiesa, perché possiamo rimanere uniti a tutti gli altri amici di Gesù.*
Il peccato ferisce quindi anche la Chiesa. Il perdono fa crescere l'amicizia con Dio e l'amicizia tra di noi ed è motivo di gioia per il Signore e per la Chiesa.

Ecco il gregge da cui si è allontanata la pecora. Riportala al suo posto, disegnandola vicino alle altre.

Confesso a **Dio** onnipotente e a voi, **fratelli e sorelle**, che ho molto peccato in pensieri, parole, opere e omissioni,
per mia colpa, mia colpa, mia grandissima colpa.
E supplico la beata sempre Vergine Maria,
gli angeli, i santi e voi, fratelli e sorelle, di **pregare per me**
il Signore Dio nostro.

Noi cristiani chiediamo perdono a Dio e alla Chiesa, cioè ai nostri fratelli e sorelle nella fede.

Per seguire Gesù abbiamo bisogno della preghiera di tutti i nostri fratelli. Possiamo aiutarci a vicenda a cambiare la nostra vita.

La parabola del padre misericordioso

«Quando era ancora lontano,
suo padre lo vide, ebbe compassione,
gli corse incontro.»

(Leggi *Lc* 15,11-32)

Il figlio vuol fare da solo, non ha più bisogno di suo padre. Che cosa farà con l'eredità?

Il padre non dice nulla, gli concede la sua parte di eredità, ma... secondo te, che cosa prova?

Gesù ancora: «Un uomo aveva due figli. Il più giovane dei due disse al padre: "Padre, dammi la parte di patrimonio che mi spetta". Ed egli divise tra loro le sue sostanze. Pochi giorni dopo, il figlio più giovane, raccolte tutte le sue cose, partì per un paese lontano e là sperperò il suo patrimonio vivendo in modo dissoluto. Quando ebbe speso tutto, sopraggiunse in quel paese una grande carestia ed egli cominciò a trovarsi nel bisogno. Allora andò a mettersi al servizio di uno degli abitanti di quella regione, che lo mandò nei suoi campi a pascolare i porci. Avrebbe voluto saziarsi con le carrube di cui si nutrivano i porci; ma nessuno gli dava nulla. Allora ritornò in sé e disse: "Quanti salariati di mio padre hanno pane in abbondanza e io qui muoio di fame! Mi alzerò, andrò da mio padre e gli dirò: Padre, ho peccato verso il Cielo e davanti a te; non sono più degno di essere chiamato tuo figlio. Trattami come uno dei tuoi salariati". Si alzò e tornò da suo padre. Quando era ancora lontano, suo padre lo vide, ebbe compassione, gli corse incontro, gli si gettò al collo e lo baciò.

Ora non ha più nulla! Pensava di fare da solo, ma alla fine è rimasto solo! Come si sente il figlio minore?

Quando si ferma a riflettere, il figlio si ricorda di suo padre. Che cosa vorrebbe ricevere da lui? Funzionerà il suo piano?

Come ha fatto a vederlo da lontano? Lo stava aspettando?

Ecco l'abbraccio tra il padre e il figlio! Entriamo nel loro cuore: che cosa provano?

Il figlio gli disse: "Padre, ho peccato verso il Cielo e davanti a te; non sono più degno di essere chiamato tuo figlio". Ma il padre disse ai servi: "Presto, portate qui il vestito più bello e fateglielo indossare, mettetegli l'anello al dito e i sandali ai piedi. Prendete il vitello grasso, ammazzatelo, mangiamo e facciamo festa, perché questo mio figlio era morto ed è tornato in vita, era perduto ed è stato ritrovato". E cominciarono a far festa».

Che gioia! Il padre ritrova suo figlio!
Lo riveste perché per lui non ha mai smesso di essere figlio!
E il giovane che cosa pensa?

Ascolta il figlio minore che è rientrato in se stesso e prega...

Signore, ti ringrazio, perché sono certo che mio padre non ha mai smesso di amarmi e di aspettarmi. **Signore, ti chiedo perdono** se ho voluto fare di testa mia: ho fatto soffrire chi mi ama, sono rimasto solo e così mi sono allontanato anche da te. **Signore, ti prometto** di tornare da mio padre e di mettermi al lavoro, senza pretendere nulla. **Signore, ti prego** perdonami, cambia il mio cuore e fa' che mio padre mi possa accogliere a braccia aperte.

Ora prova tu a rientrare in te stesso, come il figlio minore, e scrivi la tua preghiera...

Signore, ti ringrazio Per avermi dato una famiglia affetuosa

Signore, ti chiedo perdono Per tutte le bugie raccontate

Signore, ti prometto Che ti sarò sempre fedele

Signore, ti prego Per aiutarmi nei momenti difficili

Un grande abbraccio

Quanti abbracci!
Perché queste persone
si stanno abbracciando?

Scrivi sotto ogni disegno che cosa sta succedendo.

....

....

Allontanarsi è il contrario di abbracciare. Succede quando...

....

....

Quando ci allontaniamo dal Signore, lui che cosa fa?
Lo possiamo vedere qui a fianco, in un bellissimo dipinto.

Dio ci dona ....

....

Rembrandt Harmenszoon van Rhijn, *Ritorno del figliol prodigo* (1668 ca), Museo dell'Ermitage – San Pietroburgo

Il perdono è come un grande abbraccio.
Dio Padre ci accoglie sempre e fa festa per noi; per questo non dobbiamo temere di riconoscere ciò che ci trattiene lontani da lui.

Il figlio disse al padre: «Dammi la parte di patrimonio che mi spetta». E partì per un paese lontano.

Il più grande desiderio di Dio Padre è di vivere in amicizia e comunione con noi, suoi figli. Tutte le volte in cui ci allontaniamo da lui commettiamo un peccato.

Quando ebbe speso tutto, sopraggiunse in quel paese una grande carestia ed egli cominciò a trovarsi nel bisogno.

Quando litighiamo, ci arrabbiamo, rispondiamo male, non facciamo ciò che dovremmo, sentiamo dentro di noi il dispiacere, che nasce da una mancanza e dalla solitudine.

Allora ritornò in sé e disse: «Quanti salariati di mio padre hanno pane in abbondanza e io qui muoio di fame!»

Abbiamo però la fortuna di poterci fermare e riflettere: Perché mi trovo solo? Perché ho litigato? Perché non sono contento?

Si alzò e tornò da suo padre.

Se pensiamo a quanto è bello essere amati da Dio Padre, così come siamo, e a quanto è brutto essere soli e tristi, ci viene quasi spontaneo il desiderio di ricevere il suo abbraccio di perdono.

Il figlio disse a suo padre: «Padre ho peccato verso il Cielo e davanti a te: non sono più degno di essere chiamato tuo figlio».

Per rimanere vicino a ciascuno di noi, Dio Padre ha affidato ai sacerdoti il compito di essere le "sue" orecchie e la "sua" voce, così da ascoltare la nostra richiesta di perdono e donarci nuovamente la sua amicizia.

Suo padre lo vide, ebbe compassione, gli corse incontro, gli si gettò al collo e lo baciò.

Attraverso il sacerdote, Dio Padre ci assicura il suo perdono e ci abbraccia, proprio come il padre misericordioso

Il padre disse ai servi: «Presto, mangiamo e facciamo festa, perché questo mio figlio era perduto ed è stato ritrovato.

Anche per noi cristiani è preparata una festa dopo la confessione: è la festa della Messa, dove Gesù stesso si fa nostro cibo nell'Eucaristia.

QUANDO VIVIAMO I GESTI DEL SACRAMENTO DELLA RICONCILIAZIONE NOI COMPIAMO LO STESSO ITINERARIO DEL FIGLIO MINORE DELLA PARABOLA.

Il sacramento della riconciliazione

PRIMO PASSO: riconosco il mio peccato confrontandomi con Gesù.
(Esame di coscienza)

*L'esame di coscienza è un dialogo con Gesù durante il quale capisco se sono stato o no simile a lui.
Il peccato, infatti, consiste nel non assomigliare a Gesù e nell'allontanarsi da lui.
Non basta paragonarsi a ciò che fanno gli altri: occorre confrontarsi con ciò che dice e fa il Signore.*

IO
A nord, dove fa freddo e bisogna stare in casa, trovi te stesso.

DIO
A est, dove sorge il sole, trovi il tuo Signore.

IL MONDO
A ovest, dove il sole tramonta rendendo luminosa la bellezza del mondo, trovi la natura e le cose.

GLI ALTRI
A sud, dove il sole è più alto, trovi gli altri.

SECONDO PASSO:
celebro il sacramento della riconciliazione.

1. Con i piedi
Andando regolarmente a confessarmi.

2. Con le ginocchia
Mettendomi in ginocchio per farmi piccolo davanti a Gesù.

3. Con il cuore e la mente
Riflettendo attentamente sui miei peccati.

4. Con la bocca
Confessando (= dicendo ad alta voce) il mio peccato.

5. Con la mano destra
Accogliendo con il segno della croce il perdono di Gesù.

Faccio il segno della croce insieme al sacerdote. Quindi dico...

Signore, ti ringrazio... *per ciò che rende bella la mia vita, per i doni che ricevo.*

Signore, ti chiedo perdono... *per i miei peccati, che metto nelle tue mani.*

Signore, ti prometto... *di vivere i consigli e il gesto di penitenza che il sacerdote mi ha suggerito.*

Signore, ti prego... *Pietà di me, o Signore,*
secondo la tua misericordia;
non guardare ai miei peccati
e cancella tutte le mie colpe;
crea in me un cuore puro e rinnova in me
uno spirito di fortezza e di santità.

oppure: *Signore Gesù, Figlio di Dio,*
abbi pietà di me peccatore (peccatrice).

Dio Padre mi offre il suo perdono
attraverso il sacerdote che stende le mani sul mio capo e dice:

**Dio, Padre di misericordia,
che ha riconciliato a sé il mondo
nella morte e risurrezione del suo Figlio,
e ha effuso lo Spirito Santo
per la remissione dei peccati,
ti conceda, mediante il ministero della Chiesa,
il perdono e la pace.
E io ti assolvo dai tuoi peccati
nel nome del Padre e del Figlio
e dello Spirito Santo.**

Faccio il segno della croce e dico:
Amen.

TERZO PASSO: vivo una vita nuova.

Il terzo passo è la vita nuova che nasce dal perdono di Dio. Vivo il gesto di penitenza che mi è stato proposto dal sacerdote durante la riconciliazione:
è un impegno (un proposito) che mi aiuterà a rendere nuova la mia vita.

Il vestito più bello

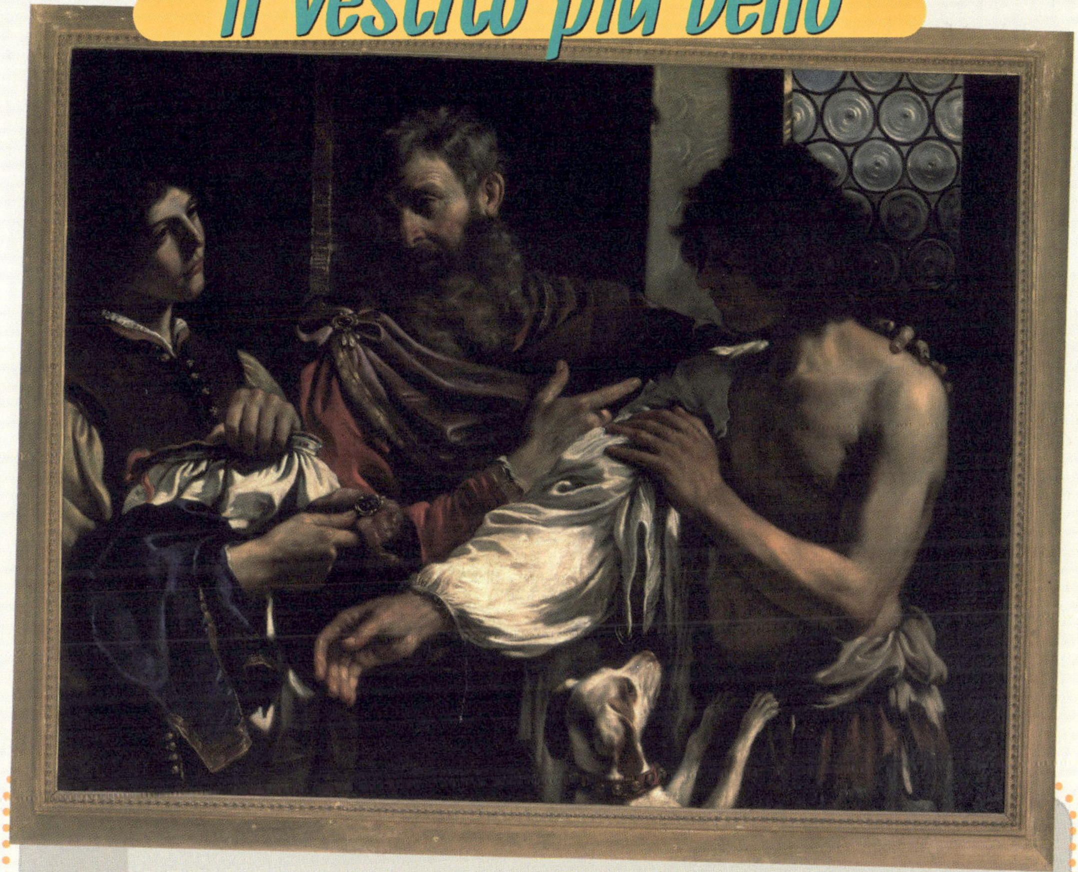

Giovanni Francesco Barbieri, detto il Guercino, *Ritorno del figliol prodigo* (1627-1628), Galleria Borghese – Roma

Ho vissuto la mia prima confessione il giorno 11/12/21
(Se non sono battezzato, ho vissuto l'unzione catecumenale il)

Di quel giorno mi ricordo, in particolare, ...

....

Quando ho celebrato il rito ho provato ....

....

Ora mi sorge una domanda: ....

....

....

Completa tu.

TAPPA

3

Gesù, pane di vita per tutti

«Questo, a Cana di Galilea, fu l'inizio dei segni compiuti da Gesù.»

(Leggi *Gv* 2,1-12)

Un mistero da scoprire

A Cana di Galilea,
durante una festa di nozze, il vino migliore è stato servito solo alla fine: è una cosa molto insolita.

Aiutiamo il maestro di tavola a scoprire l'origine misteriosa del vino...

Interrogatorio n.

Nome ....

Presenti alle nozze perché ....

....

Dichiarazione rilasciata ....

....

Interrogatorio n.

Nome ....

Presenti alle nozze perché ....

....

Dichiarazione rilasciata ....

....

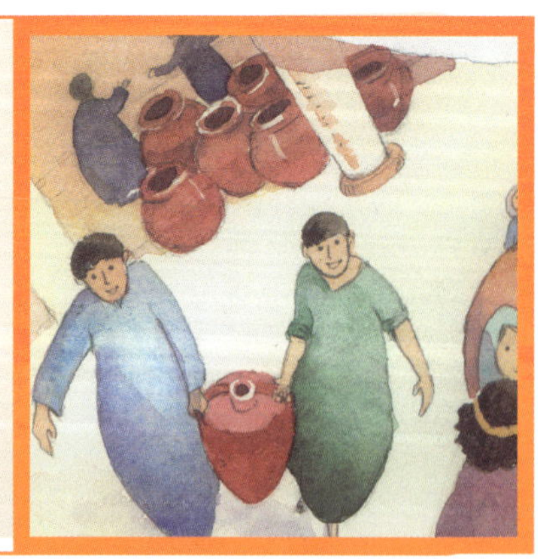

Interrogatorio n.

Nome ....

Presenti alle nozze perché ....

....

Dichiarazione rilasciata ....

....

Interrogatorio n.

Nome ....

Presenti alle nozze perché ....

....

Dichiarazione rilasciata ....

....

Interrogatorio n.

Nome ....

Presenti alle nozze perché ....

....

Dichiarazione rilasciata ....

....

Interrogatorio n.

Nome ....

Presenti alle nozze perché ....

....

Dichiarazione rilasciata ....

....

Prova
a ricostruire
la storia...

- Chi ha procurato il vino? Ha agito da solo? ....

....

- Racconta la dinamica dei fatti: da dove viene il vino e quanto ce n'è?

....

....

- Perché hanno portato il vino? ....

....

....

- In quale "ora" hanno agito? Erano in anticipo o in ritardo?

....

....

Una scoperta che non si può tenere per sé

Anche tu hai tante scoperte per cui ringraziare...
Oggi impariamo "a dire grazie"
come avviene nella Messa.

Il Signore sia con voi.
E con il tuo spirito.
In alto i nostri cuori.
Sono rivolti al Signore.
Rendiamo grazie al Signore, nostro Dio.
È cosa buona e giusta.

Il prefazio è la prima parte della preghiera eucaristica che il sacerdote dice davanti all'assemblea e a Dio. Il suo compito è quello di aiutarci a ricordare e ringraziare Dio perché ci vuole bene: lo ha dimostrato nel passato e ce lo dimostra ogni volta in modo nuovo, in ogni Messa in modo diverso.

È veramente giusto,
è bello rendere grazie e lodarti sempre
Signore, Padre santo,
Dio onnipotente ed eterno.

Tu hai fatto ogni cosa con sapienza e con amore.
Tu fai crescere l'erba per gli animali
e le piante che gli uomini coltivano per trarre cibo dalla terra:
il vino che allieta il loro cuore e il pane che li sostiene nella vita.

Grazie, Signore, perché ci vuoi bene.

Nella pienezza dei tempi tu hai mandato il tuo Figlio fra noi
per rivelarci il tuo volto e aprirci la strada verso una vita piena e gioiosa.
Egli, cambiando l'acqua in vino a Cana di Galilea,
è divenuto presenza di gioia nella vita di tutti gli uomini.

Grazie, Signore, perché ci vuoi bene.

E giunta l'ora di passare da questo mondo a te, Padre santo,
ci ha lasciato, nel pane e nel vino, la sua vita offerta per noi,
perché, vivendo sempre di lui e per lui,
possiamo partecipare un giorno al banchetto del tuo Regno eterno
e alla grande e gioiosa festa che tu prepari per tutti coloro che ami.

Grazie, Signore, perché ci vuoi bene.

....

....

Ringrazia anche tu per il bene che ti circonda e che hai scoperto.

Grazie, Signore, perché ci vuoi bene.

Esultanti per questi doni del tuo amore,
noi ci uniamo insieme
per elevare a te, unico Dio col Figlio e con lo Spirito Santo,
un canto di ringraziamento e di lode:

Grazie, Signore, perché ci vuoi bene.

Un dono che si moltiplica

«Prese i cinque pani e i due pesci,
alzò gli occhi al cielo,
recitò la benedizione,
spezzò i pani e li diede ai discepoli
e i discepoli alla folla.»

(Leggi *Mt* 14,13-21)

Quale scelta di Gesù permette alla storia di continuare?

Elimina la proposta che interrompe il racconto.

"*Avendo udito che Giovanni il Battista era stato ucciso, Gesù partì di là su una barca e...*

Si ritirò in un luogo deserto, lontano da tutti.

Insieme ai suoi discepoli si nascose a Cafàrnao per elaborare una nuova strategia: voleva continuare ad annunciare il Regno di Dio, ma doveva anche pensare a non farsi uccidere come Giovanni il Battista: meglio stare tranquilli per un po'..."

"*Ma le folle, avendolo saputo, lo seguirono a piedi dalle città. Sceso dalla barca, egli vide una grande folla...*

Gesù si commosse: capì che quella folla aveva bisogno di stringersi intorno a lui, allora decise di stare con loro, guarendo anche i malati.

Non era il momento per fare un bagno di folla. I soldati di Erode erano molto attenti, non volevano che le folle si radunassero come era avvenuto con Giovanni il Battista. Gesù, dopo aver congedato tutti, raccomandò di non fare gesti sconsiderati. Non era il momento giusto, avrebbe trovato il modo per ricontattarli in seguito."

Sul far della sera, gli si avvicinarono i discepoli e gli dissero: "Il luogo è deserto ed è ormai tardi; congeda la folla perché vada nei villaggi a comprarsi da mangiare". Gesù disse loro:

"Avete proprio ragione: il sole sta tramontando e non vorrei che qualcuno non trovasse la strada di casa".

"Non occorre che vadano; voi stessi date loro da mangiare".

La moltiplicazione dei pani è possibile solo a partire dal poco che i discepoli e noi possiamo offrire.

- I discepoli capiscono che possono prendere parte al prodigio di Gesù solo donando loro stessi.
- Gesù chiede ai discepoli che siano loro a prendere il pane e a distribuirlo.
- Gesù chiede anche a te di collaborare al suo dono.

«Avresti potuto vedere le porzioni di pane scorrere in modo sorprendente e fruttificare tra le mani di coloro che le distribuivano.»

I gesti dell'amore

Prendere

Gesù prende i pani e anche se stesso, la propria vita, e la mette a disposizione degli uomini.

Alzare e benedire

Gesù alza lo sguardo e benedice i pani: non distribuisce niente se, prima, non lo ha benedetto e affidato al Padre.

Spezzare e donare

Gesù spezza il pane e chiede ai discepoli di distribuirlo perché ciascuno ne possa mangiare.

Durante la **celebrazione della Messa** si compiono gli stessi gesti che Gesù ha fatto il giorno della moltiplicazione dei pani e dei pesci: prendere, alzare al cielo, benedire e donare.

Nella presentazione dei doni, vengono **portati all'altare** pane e vino con acqua: il sacerdote **li prende** e li presenta a Dio, alzandoli.

Nella preghiera eucaristica **si rende grazie a Dio** per tutta l'opera della salvezza e si chiede il dono dello Spirito Santo perché le offerte **siano consacrate**, diventando il corpo e il sangue di Cristo, e perché chi le riceverà diventi a sua volta parte del corpo di Cristo che è la Chiesa.

Poi il sacerdote **spezza il pane** e, insieme ad altri, **lo dà ai presenti**: tutti i cristiani si cibano del corpo e del sangue del Signore e, così, diventano una cosa sola in lui.

Gesù, tu ci doni gioia
quando ci inviti a radunarci con te
ci parli tu, ti doni a noi,
e il nostro cuore riposa in te,
Insieme noi facciamo festa
per i benefici del tuo grande amore,
del tuo grande amore.

LE PAROLE DELLA FEDE
EUCARESTIA

Prendere, alzare al cielo,
spezzare e poi donare
sono i quattro gesti dell'amore.
Così hai fatto tu
offrendo la tua vita,
così faremo noi con la tua grazia.

Se questa vita è un dono
certo non lo è solo per me stesso:
davanti ai bisogni dell'uomo
la prendo e mi metto in gioco
senza paura e in libertà.

La alzo al cielo e a te rendo grazie.
Accogli la mia vita, Signore:
tu che sei il Dio dei prodigi
farai del mio povero dono
qualcosa di davvero importante.

Sarò come **un pane spezzato**
donato per la fame di tutti:
ciò che non è trattenuto
diventa un dono più grande,
regalo per l'umanità.

TAPPA

4

Gesù si offre per tutti

«Questo giorno sarà un memoriale;
lo celebrerete come festa del Signore:
di generazione in generazione
come un rito perenne.»

(Leggi *Es* 12,1-14)

Una cena diversa da tutte le altre cene

Perché questa notte è diversa da tutte le altre notti?

Collega ciascuno degli alimenti presenti sulla tavola ebraica al nome corrispondente e scrivi il loro significato.

zeroah

AGNELLO ARROSTITO

sedano

KARPAS

betzah

UOVO SODO

acqua salata

SIMBOLEGGIA LE LACRIME IL SUDORE E DELLA SCHIAVITU'

Una cena per donare la vita

Oggi abbiamo ascoltato una testimone.

Il suo nome è...

....

Ci ha raccontato che...

....

....

....

Ha dato la vita a...

....

....

....

Assomiglia a Gesù perché...

....

....

....

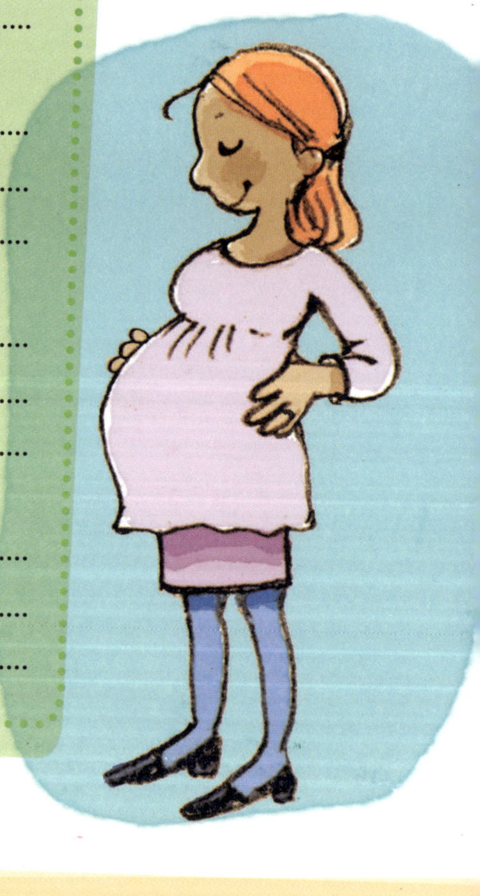

*Gesù nell'ultima cena svela ai suoi amici che darà loro la vita.
Sa che la sua vita diventerà più vera, se sarà donata per amore.
Quella sera i discepoli capiscono che Gesù
li amerà sino alla fine
e che non terrà nulla per sé.
Gesù ci ha insegnato che non dobbiamo vivere
per noi stessi, ma per lui e per i nostri fratelli.*

San Tommaso in una preghiera chiamava così Gesù:

«Oh pio Pellicano, Signore Gesù, purifica me col Tuo sangue, del quale una sola goccia può salvare il mondo intero».

M.I. Rupnik, chiesa dei Santi Elisabetta e Zaccaria – Catania

Capitello del Cenacolo – Gerusalemme

I primi cristiani usavano l'immagine del pellicano per rappresentare il Signore Gesù.

Osserva le immagini: in che cosa il pellicano assomiglia a Gesù?

....

....

....

Una cena nella notte in cui fu tradito

I discepoli reagiscono in modi diversi all'annuncio inaspettato del tradimento. Scegli un apostolo e chiediti: Che cosa starà provando? Come sta reagendo? Che cosa starà dicendo?

Le mani di Giuda e di Gesù si stanno incontrando in quell'unico pezzo di pane: il Maestro dona la vita anche per il suo traditore! Giuda saprà accogliere l'offerta di Gesù? Osserva che cosa stringe nell'altra mano.

Leonardo da Vinci, *Ultima Cena* (1495-1498),
Cenacolo di Santa Maria delle Grazie – Milano

*Osserva Gesù.
In lui si riconoscono una grande ricchezza di sentimenti e di atteggiamenti: preoccupazione e dolore, consegna fiduciosa, affidamento a Dio Padre, dono di sé, desiderio di salvezza per tutti gli uomini...
Che cosa vedi in lui?*

Guarda le mani di Gesù: con una prende il pane, con l'altra offre se stesso. Sembra di ascoltare le sue parole: «Prendete e mangiate».

Le parole che Gesù pronunciò quella notte sono simili a quelle che tutte le domeniche ascoltiamo alla Messa al centro della preghiera eucaristica.

Leggi il Vangelo di Matteo e riporta qui sotto le parole pronunciate da Gesù.

Dalla preghiera eucaristica III

Nella notte in cui veniva tradito,
egli prese il pane,
ti rese grazie con la preghiera di benedizione,
lo spezzò, lo diede ai suoi discepoli, e disse:

**Prendete, e mangiatene tutti:
questo è il mio Corpo
offerto in sacrificio per voi.**

Mt 26,26

Allo stesso modo, dopo aver cenato,
prese il calice, ti rese grazie con la preghiera
di benedizione, lo diede ai suoi discepoli, e disse:

**Prendete, e bevetene tutti:
questo è il calice del mio Sangue
per la nuova ed eterna alleanza,
versato per voi e per tutti
in remissione dei peccati.**

Mt 26,27

Fate questo in memoria di me.

Per trovare queste ultime parole cerca nella Bibbia *1Cor* 11,23-25.

Una cena per diventare uno

Trova la coppia intrusa!

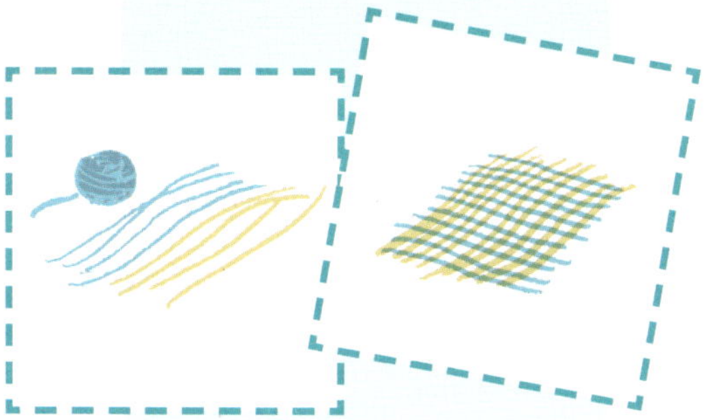

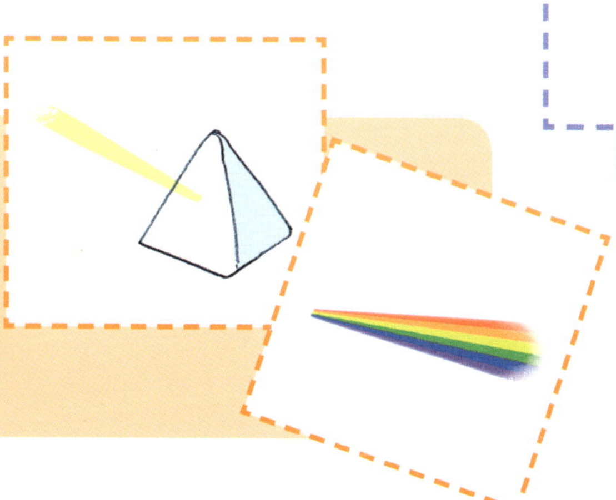

 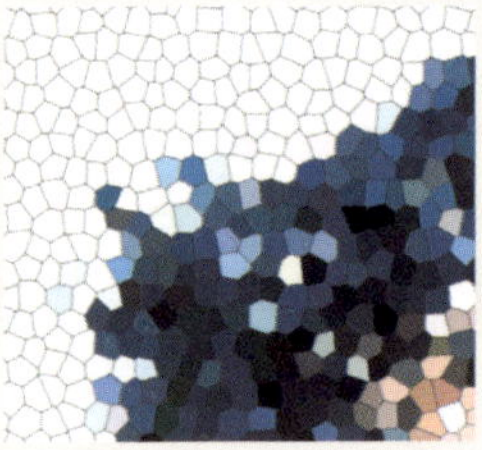 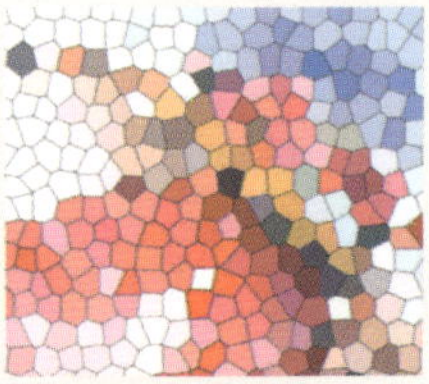 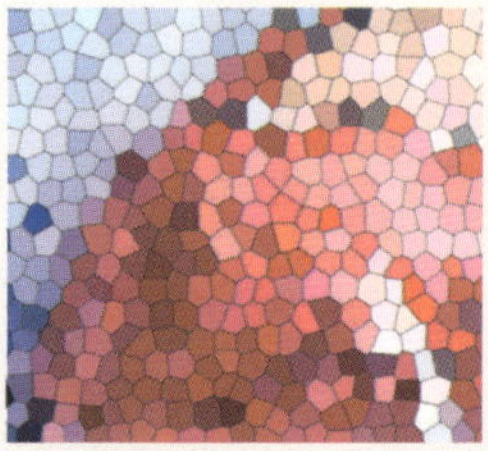

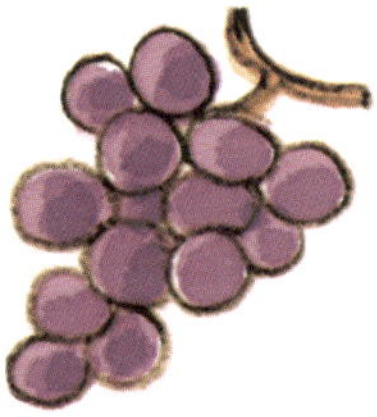

Disegna tu l'altro elemento della coppia.

«Se metti un ciocco di legno nel fuoco, dopo un po' il fuoco lo avvolge, gli entra dentro un po' per volta... e alla fine fuoco e legno sono diventati una cosa sola, il legno è diventato incandescente, bellissimo e fiammeggiante.
Non puoi più dire dove finisce il legno e dove inizia il fuoco, non si possono più separare, per niente al mondo. Così è con Gesù.»

Gesù, tu ci chiami amici,
niente può spezzare il legame tra noi,
Figlio amato sei tu e ti doni così
corpo e sangue offerti per noi:
vita di Dio che porta frutto
dentro ogni cosa, come dici tu
come dici tu.

LE PAROLE DELLA FEDE
COMUNIONE

«Quando ci troviamo
a celebrare l'Eucaristia,
noi ringraziamo Gesù
per essere lui il fuoco,
noi il legno.
Perché diventiamo con lui
e tra noi una cosa sola...»

Signore Gesù Cristo, Figlio del Dio vivo,
che per volontà del Padre
e con l'opera dello Spirito Santo
morendo hai dato la vita al mondo,
per il santo mistero del tuo Corpo
e del tuo Sangue
liberami da ogni colpa e da ogni male,
fa' che sia sempre fedele alla tua legge
e non sia mai separato da te.

Ecco l'agnello di Dio,
ecco colui che toglie i peccati del mondo.
Beati gli invitati alla cena dell'Agnello.

(continua tu)

....

....

....

Prima di fare
la comunione,
il sacerdote recita
silenziosamente questa
preghiera con la quale
chiede di rimanere
per sempre unito a Gesù.
Poi ci dice che siamo
fortunati a partecipare
alla comunione con Gesù
che si dona a noi.

Una cena da maestro e Signore

«Quello che io faccio,
tu ora non lo capisci,
ma lo capirai dopo.»

(Leggi *Gv* 13,7)

Che cena è questa? Ne abbiamo già parlato?

Prima della festa di Pasqua, Gesù, sapendo che era venuta la sua ora di passare da questo mondo al Padre, avendo amato i suoi che erano nel mondo, li amò fino alla fine. Durante la cena, quando il diavolo aveva già messo in cuore a Giuda, figlio di Simone Iscariota, di tradirlo. Gesù, sapendo che il Padre gli aveva dato tutto nelle mani e che era venuto da Dio e a Dio ritornava,

Osserva i gesti: sembrano molto solenni, Gesù appare proprio come un re! Perché l'evangelista avrà descritto così dettagliatamente i suoi movimenti?

si alzò da tavola, depose le vesti, prese un asciugamano e se lo cinse attorno alla vita. Poi versò dell'acqua nel catino e cominciò a lavare i piedi dei discepoli e ad asciugarli con l'asciugamano di cui si era cinto.

Che cosa fa Gesù? Che cosa vogliono dire i suoi gesti?

Venne dunque da Simon Pietro e questi gli disse: «Signore, tu lavi i piedi a me?». Rispose Gesù: «Quello che io faccio, tu ora non lo capisci; lo capirai dopo». Gli disse Pietro: «Tu non mi laverai i piedi in eterno!». Gli rispose Gesù: «Se non ti laverò, non avrai parte con me». Gli disse Simon Pietro: «Signore, non solo i miei piedi, ma anche le mani e il capo!».

Soggiunse Gesù: «Chi ha fatto il bagno, non ha bisogno di lavarsi se non i piedi ed è tutto puro; e voi siete puri, ma non tutti». Sapeva infatti chi lo tradiva; per questo disse: «Non tutti siete puri».

Gesù poi ha spiegato questo gesto, leggi Gv 13,12-20.

Al Giovedì santo, quando in tutta la Chiesa si celebra la Cena del Signore, il sacerdote compie lo stesso gesto di lavare i piedi ad alcune persone.
Così ricorda a se stesso e a tutti noi che Gesù c'invita a vedere la realtà con una logica capovolta: «chi vuol diventare grande tra di voi, diventi come il più giovane».

«Il mio Signore depone la veste,
si cinge di un asciugatoio.
Versa l'acqua nel catino
e lava i piedi ai suoi discepoli:
anche a noi egli vuol lavare i piedi.
Quanto è grande questo mistero!
Quasi fossi un servitore lavi
i piedi ai tuoi servi.

Ma non solo ci lavi i piedi,
c'inviti anche a sederci a tavola con te
e ci esorti con il tuo esempio.

Voglio lavare anch'io i piedi ai miei fratelli.
Egli mi comandò di non avere vergogna,
di non rifiutarmi di compiere
ciò che lui aveva fatto prima di me.»

Una cena per sempre

Annunciamo
la tua morte,
Signore...

... proclamiamo
la tua risurrezione...

... nell'attesa
della tua venuta!

Anche io,
come i discepoli,
con te, da pauroso
divento coraggioso...

... da triste
divento felice...

... da
....
divento
....

... da
....
divento
....

Non posso dimenticare che...

Nel corso di quest'anno hai sentito o sentirai tante parole importanti: annota i consigli che hai ricevuto o riceverai.

....

....

....

....

....

....

....

....

TAPPA 5

Riconosciamo Gesù nello spezzare il pane

«Mentre conversavano
e discutevano insieme,
Gesù in persona si avvicinò
e camminava con loro.»

(Leggi *Lc* 24,13-27)

«Quando fu a tavola con loro,
prese il pane, recitò la benedizione,
lo spezzò e lo diede loro.
Allora si aprirono loro gli occhi
e lo riconobbero.»

(Leggi *Lc* 24,28-32)

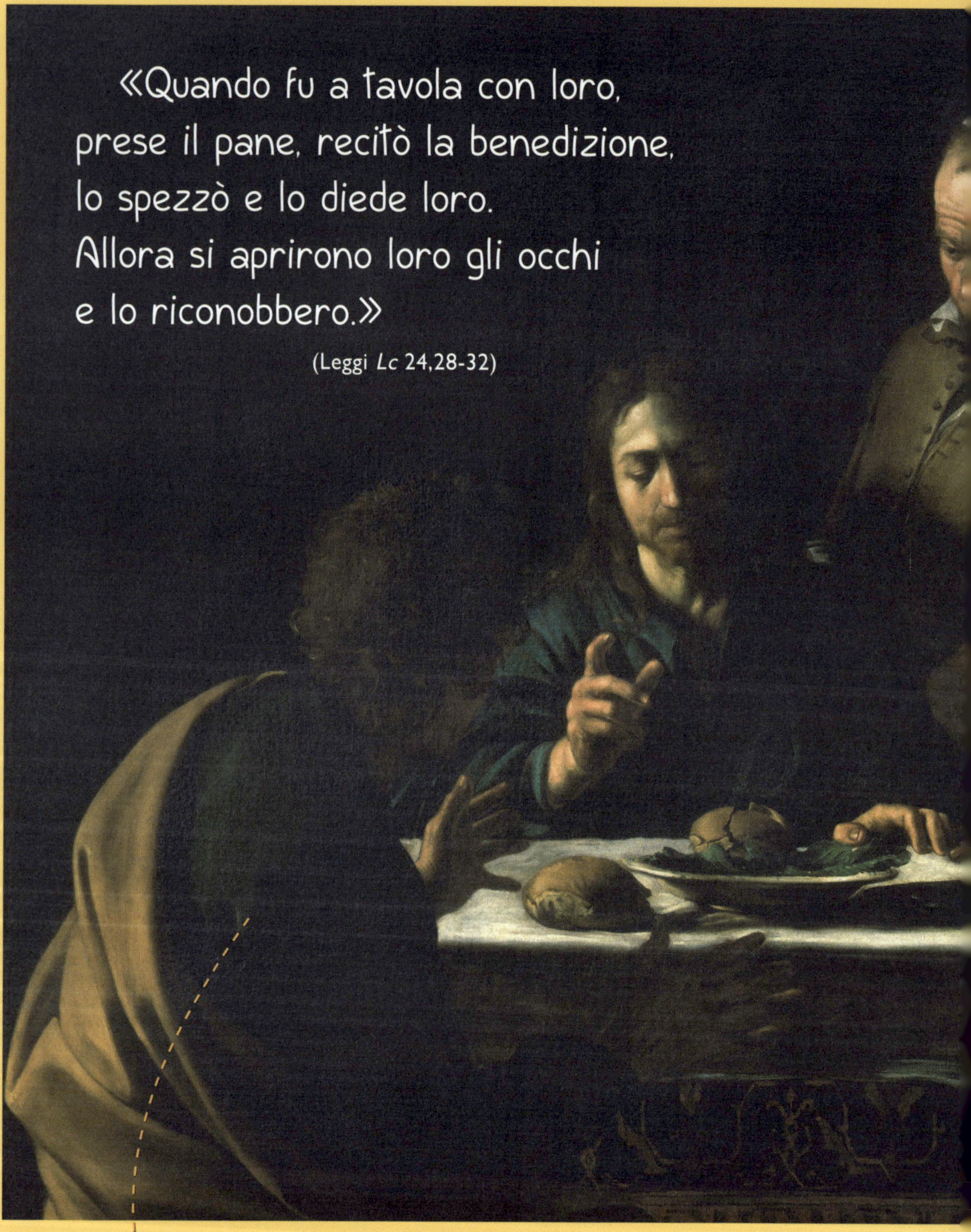

Questo discepolo è di spalle, non si vede il volto.
Potresti essere anche tu.
Osserva le sue mani: che cosa sta facendo?
E che cosa sta provando?

Michelangelo Merisi, detto il Caravaggio,
Cena di Èmmaus (1606), Pinacoteca di Brera – Milano

Il pane è già stato spezzato e ai discepoli si aprono gli occhi: quest'uomo è proprio Gesù vivo!

Osserva i particolari che sono indicati. Ti aiuteranno a rivivere l'emozione di quel momento.

Osserva l'orecchio del discepolo: perché è così in primo piano? Guarda i suoi occhi sgranati che fissano Gesù: che cosa sta provando? Le mani stringono il tavolo: che cosa sta per fare il discepolo?

«Partirono senza indugio
e fecero ritorno a Gerusalemme.»

(Leggi *Lc* 24,33-35)

Noi come i discepoli di Èmmaus

Inserisci nei box gli attegiamenti con i quali vivere i momenti della Messa.

ascolto, attenzione, gratuità, gioia, amore, generosità, riconoscenza, sorpresa, concentrazione, riflessione, silenzio, tranquillità, serenità, calma.

I discepoli escono da Gerusalemme e si mettono in cammino, carichi di delusione per quanto avvenuto.

....

....

Gesù, dopo aver ascoltato il discorso dei discepoli, interpreta la loro situazione alla luce delle Scritture.

....

....

I discepoli insistono con Gesù perché resti con loro: il desiderio prepara all'incontro con il Risorto.

....

....

Attraverso la preghiera e il gesto dello "spezzare il pane" i discepoli riconoscono la presenza di Gesù.

....

....

I discepoli partono senza indugio e ritornano da dove erano venuti, condividendo la gioia di aver visto il Signore.

....

....

Anche a noi ogni domenica, quando partecipiamo alla Messa è data la possibilità di sperimentare ciò che hanno vissuto i discepoli di Èmmaus: Gesù cammina con noi nella nostra vita

Lo riconobbero

«Cristo è sempre presente nella sua Chiesa, e in modo speciale nella liturgia. È presente nella Messa, sia nella persona del ministro sia soprattutto sotto le specie eucaristiche. È presente nella sua Parola, giacché è lui che parla quando nella Chiesa si legge la sacra Scrittura.»

CONCILIO VATICANO II – Costituzione *Sacrosanctum Concilium*, n. 7

Come rispondiamo nella Messa a queste affermazioni?

Cristo è presente e agisce nel sacerdote che presiede la Messa.

Cristo parla alla sua Chiesa nelle letture proclamate durante la Messa.

Cristo si dona a tutti noi nel pane spezzato e nel vino versato.

Il Signore sia con voi.

E con il tuo spirito

Parola di Dio.

....

Parola del Signore.

....

Il corpo e il sangue di Cristo.

....

Passa la vita di Dio in noi

Scegli quattro immagini e costruisci liberamente una storia.

LE STORIE DI GESÙ

Che cosa accade quando si entra in comunione con Gesù?
Qual è il frutto dell'Eucaristia?
È il Maestro stesso a raccontarlo...

Cerca nel Vangelo e riporta il versetto indicato.

Gv 15,5

....

....

Gv 6,57

....

....

Mt 26,28

....

....

Quando entriamo in comunione con Gesù, quando stiamo con lui, egli passa la sua vita nella nostra: come la vite passa linfa ai tralci e produce molto frutto; come il pane nutre e dà forza a chi lo mangia; come il sangue scorre nelle vene e tiene in vita.

«Questo è il pane della vita.
Avvicinatevi a lui e saziatevi: egli è pane.
Avvicinatevi a lui e bevete: egli è la sorgente.
Avvicinatevi a lui e lasciatevi illuminare: egli è la luce.
Avvicinatevi a lui e lasciatevi liberare: infatti dove c'è lo Spirito del Signore, lì c'è la libertà.
Vi domandate chi egli sia?
Ascoltate quello che lui stesso dice:
"Io sono il pane della vita: chi viene a me non avrà più fame, chi viene a me non avrà più sete".»

Narravano ciò che era accaduto

"Due discepoli erano in cammino per un villaggio di nome Èmmaus e conversavano tra loro di tutto quello che era accaduto..."

Com'ero nel giorno della mia prima comunione?

....

....

"Gesù entrò per rimanere con loro. Quando fu a tavola con loro, prese il pane, recitò la benedizione, lo spezzò e lo diede loro. Allora si aprirono loro gli occhi e lo riconobbero."

Ripenso a ciò che ho visto e sentito durante la Messa della mia prima comunione: che cosa mi ha colpito di più?
Ho sperimentato qualcosa di nuovo stando con Gesù?
Di che cosa si tratta?

....

....

"Partirono senza indugio..."

Quali frutti ha portato la mia prima comunione?
Come posso conservare questi frutti?

....

....

Spirito, fai ardere il cuore
quando ascoltiamo la Parola di Dio.
Dolce presenza dentro di noi,
soffio di vita, amore umile,
manda anche noi in tutto il mondo ad
annunciare a tutti il Vangelo di Gesù,
il Vangelo di Gesù.

LE PAROLE DELLA FEDE

MISSIONE

La mia prima comunione

Attacca una foto o disegna un ricordo di quel giorno.

Resta con noi, Signore,
perché tu hai parole di vita.
Resta con noi, Signore,
perché tu sei luce per il nostro cammino.
Resta con noi, Signore,
perché noi siamo come i tralci che ricevono linfa da te che sei la vite.
Resta con noi, Signore, pane vivo che doni energia per vivere.
Resta con noi, Signore, sorgente d'acqua pura,
che fai sgorgare dentro di noi il desiderio di amare.
Resta con noi, Signore, perché quando siamo insieme a te,
come sangue che scorre nelle vene, tu trasmetti la tua vita in noi.

Preghiamo in famiglia

Preghiera del mattino

Ti adoro, mio Dio,
e ti amo con tutto il cuore.
Ti ringrazio di avermi creato,
fatto cristiano
e conservato in questa notte.
Ti offro le azioni della giornata,
fa' che siano tutte secondo
la tua santa volontà
per la maggior tua gloria.
Preservami dal peccato
e da ogni male.
La tua grazia sia sempre con me
e con tutti i miei cari.
Amen.

Preghiera della sera

Ti adoro, mio Dio,
e ti amo con tutto il cuore.
Ti ringrazio di avermi creato,
fatto cristiano
e conservato in questo giorno.
Perdonami il male oggi commesso
e, se qualche bene ho compiuto,
accettalo.
Custodiscimi nel riposo
e liberami dai pericoli.
La tua grazia sia sempre con me
e con tutti i miei cari.
Amen.

Preghiamo per i nostri cari defunti

L'eterno riposo dona loro, o Signore,
e splenda ad essi la luce perpetua.
Riposino in pace. Amen.

Icona pellegrina

Questa settimana abbiamo ricevuto
l'icona pellegrina.
Abbiamo
pregato
in famiglia
per tutti
i miei amici.

A tavola

Benedetto sii tu,
Signore nostro Dio
che nutri il mondo intero.
Per la tua bontà
il cibo non ci è mancato
e mai ci mancherà.
Concedi i tuoi benefici a tutti.
Benedetto sii tu, Signore.

Benedici, Signore,
noi e il cibo
che stiamo per prendere
dalla tua bontà
e danne a chi non ne ha.

Parole della fede

Padre, tu ci pensi sempre,
se ci vedi fragili e lontani da te
ti commuovi per noi, ti avvicini di più,
fonte d'amore inesauribile,
crea in noi un cuore nuovo
per vivere ogni giorno come figli tuoi,
come figli tuoi.

Padre, tu ci cerchi sempre
quando il peccato vince ancora in noi:
soffri per noi ma non smetti mai
di offrirci il perdono, vita nuova,
e in unità, riconciliati,
saremo nella pace fratelli tra di noi,
fratelli tra di noi.

Gesù, tu ci doni gioia
quando ci inviti a radunarci con te
ci parli tu, ti doni a noi,
e il nostro cuore riposa in te.
Insieme noi facciamo festa
per i benefici del tuo grande amore,
del tuo grande amore.

Gesù, tu ci chiami amici,
niente può spezzare il legame tra noi.
Figlio amato sei tu e ti doni così
corpo e sangue offerti per noi:
vita di Dio che porta frutto
dentro ogni cosa, come dici tu
come dici tu.

Spirito, fai ardere il cuore
quando ascoltiamo la Parola di Dio.
Dolce presenza dentro di noi,
soffio di vita, amore umile,
manda anche noi in tutto il mondo
ad annunciare a tutti il Vangelo di Gesù,
il Vangelo di Gesù.

Rito della riconciliazione

Nel nome del Padre e del Figlio
e dello Spirito Santo. Amen.

Signore, ti ringrazio...

Signore, ti chiedo perdono...

Signore, ti prometto... *di vivere i consigli e il gesto di penitenza che il sacerdote mi ha suggerito.*

Signore, ti prego... *Pietà di me, o Signore,*
secondo la tua misericordia;
non guardare ai miei peccati
e cancella tutte le mie colpe;
crea in me un cuore puro
e rinnova in me
uno spirito di fortezza e di santità.

oppure: *Signore Gesù, Figlio di Dio,*
abbi pietà di me peccatore (peccatrice).

Dio, Padre di misericordia, che ha riconciliato a sé il mondo nella morte e risurrezione del suo Figlio, e ha effuso lo Spirito Santo per la remissione dei peccati, ti conceda, mediante il ministero della Chiesa, il perdono e la pace. E io ti assolvo dai tuoi peccati nel nome del Padre e del Figlio ✠ e dello Spirito Santo. Amen.

Incontro a Te nella prima comunione

Stiamo entrando nel Cenacolo, a Gerusalemme, nella stanza superiore in cui Gesù ha vissuto l'ultima cena con i suoi discepoli. Un lungo cammino ci ha portati fin qui...

Date da ricordare

Inizio del cammino

....

Consegna del Vangelo/ rito di ammissione

....

Sacramento di riconciliazione/ unzione pre-battesimale

....

Lungo questo cammino sono cresciuto: che cosa è cambiato in me? Lo chiedo anche alle persone che mi vogliono bene, ai miei genitori.

Le persone che ti accompagnano: scrivi il loro nome vicino ai personaggi del disegno.

Desidero stare Con Te!

S'intravede una stanza oltre la porta: è il Cenacolo.
Qui si ascoltano le parole di Gesù:
«Ho tanto desiderato mangiare questa Pasqua con voi» (Lc 22,15)
e ci si accorge della sua presenza:
«Questo è il mio corpo, che è dato per voi...
questo è il mio sangue,
che è versato per voi» (Lc 22,19-20).

Anche i miei genitori mi hanno accompagnato fin qui.
Chiedo a loro di scrivere perché è importante
che io possa incontrare Gesù e ricevere la sua comunione.

....

....

....

....

Ecco i motivi per cui voglio incontrare il Signore e stare con lui, in particolare ricevendo il dono della sua comunione.

....

....

....

....

Vorrei entrare nel Cenacolo.
Che cosa accade quando si incontra il Signore Gesù nell'Eucaristia? Devo ancora scoprirlo.
Già adesso desidero tanto stare **Con Te!**

Vivo Con Te!

Usciamo dal Cenacolo per tornare alla nostra vita.
Ora non siamo più come prima, perché abbiamo
incontrato Gesù nell'Eucaristia.

Mi piacerebbe che il Signore mi aiutasse ad assomigliare di più a lui.
In particolare vorrei diventare...

....

Spazio per una dedica e un consiglio prezioso da parte dei miei genitori.

Spazio per una dedica e un consiglio prezioso da scrivere al termine del dialogo.

Rito della Messa

RITI DI INTRODUZIONE

Nella prima parte della Messa noi entriamo insieme nella festa, come comunità cristiana, per stare alla presenza di Dio che ci accoglie e ci perdona. Nella gioia ci prepariamo ad ascoltare Dio che rivolge a tutti la sua Parola.

LITURGIA DELLA PAROLA

Nella liturgia della Parola Dio parla al suo popolo, annuncia l'opera della salvezza e illumina la nostra vita. Il sacerdote, nell'omelia, ci aiuta a capire che cosa la Parola del Signore dice a noi oggi. Noi ascoltiamo Dio ed entriamo in dialogo con lui, rispondendo con la nostra preghiera.

LITURGIA EUCARISTICA

Nella liturgia eucaristica il Signore Gesù stesso si rende presente nel pane e nel vino che abbiamo offerto all'altare. Ripetendo i gesti e le parole che egli stesso ci ha mostrato nell'Ultima cena, anche noi riceviamo la sua vita che è offerta per tutti noi.

RITI DI CONCLUSIONE

I riti di conclusione ci permettono di "rientrare" nella vita di ogni giorno "portando fuori" quanto abbiamo ricevuto in dono nella Messa. Il Signore Gesù ci chiede di vivere ciò che abbiamo celebrato e ci dona la forza per farlo.

Per incontrare Gesù nella comunione eucaristica

- Sapere e pensare che vai a incontrare Gesù.
- Essere in grazia di Dio, cioè fare spazio nel cuore.
- Il digiuno, cioè fare spazio in me.
- Azioni e atteggiamenti per ricevere l'Eucaristia.

Indice